SOCIÉTÉ D'ÉTUDES LÉGISLATIVES

Le Droit d'ester en justice

des

SYNDICATS PROFESSIONNELS

PAR

M. GEORGES-CAHEN

MAITRE DES REQUÊTES AU CONSEIL D'ÉTAT

Extrait du Bulletin de la Société d'Études législatives

PARIS

Arthur ROUSSEAU, Editeur

14, RUE SOUFFLOT, ET RUE TOULLIER, 13

1911

SOCIÉTÉ D'ÉTUDES LÉGISLATIVES

Le Droit d'ester en justice

des

SYNDICATS PROFESSIONNELS

PAR

M. GEORGES-CAHEN

MAITRE DES REQUÊTES AU CONSEIL D'ÉTAT

Extrait du Bulletin de la Société d'Etudes législatives

PARIS

Arthur ROUSSEAU, Editeur

14, RUE SOUFFLOT, ET RUE TOULLIER, 13

1911

Le Droit d'ester en justice
des Syndicats professionnels

I

L'article 6 de la loi du 5 avril 1884, qui règle la capacité des syndicats professionnels, leur a conféré le droit « d'ester en justice ». Le législateur, par cette disposition, a entendu reconnaître la personnalité juridique du syndicat, qui est indépendante et distincte de celle de ses membres. Tout syndicat peut exercer une action, y défendre, y intervenir, par l'intermédiaire d'un représentant légal, sans qu'il soit nécessaire de mettre en cause les individus qui le composent. C'est la collectivité qui agit.

Il semble que la règle soit claire, et ne puisse prêter à controverse. Aucune difficulté ne s'est en effet produite sur la procédure qu'il convenait de suivre pour les actions syndicales : aucune autorisation administrative n'est nécessaire aux syndicats pour les engager. Si les statuts ne délèguent pas le mandat *ad litem* à une personne nommément désignée, c'est le président du syndicat (ou le secrétaire, à défaut de président), qui, de plein droit, représente le syndicat en justice. Lorsque le syndicat joue le rôle de défendeur, c'est devant le tribunal du siège social qu'il doit être assigné. Point de contestation à cet égard.

Mais, par contre, de graves difficultés ont surgi, dès qu'il s'est agi de déterminer dans quelles instances le syndicat a le droit d'agir. A vrai dire, sur celles qui intéressent le *patrimoine syndical* on s'est aisément mis d'accord. Le syndicat a un patrimoine. Il doit pouvoir et il peut seul figurer soit comme demandeur, soit comme défendeur dans les actions qui ont pour but de le sauvegarder. Personne n'aurait qualité pour les exercer à ses lieu et place. C'est à ce titre que, par exemple, il lui appartient, et à lui seul, de poursuivre judiciairement le recouvrement des cotisations arriérées [1] ; c'est contre lui que le propriétaire de l'immeuble, où il a son siège social, doit lancer une assignation à fin de paiement d'une dette locative.

On tend aussi généralement à lui reconnaître le droit d'exercer les « actions syndicales », celles qui intéressent la *défense des intérêts collectifs*, dont il a la garde. Mais dès qu'il s'est agi de préciser le sens exact de ces derniers termes, on n'a plus réussi à s'entendre; les uns leur ont donné une portée restrictive, que les autres ont sans cesse cherché à élargir.

a) Waldeck-Rousseau, dès 1887 [2], posa en principe que le syndicat, envisagé comme personne morale, représente les seuls droits et personnifie les seuls intérêts qui, n'étant le patrimoine d'aucun des sociétaires, ne peuvent être exercés par aucun d'eux. Il en inférait que, si on reconnaissait au syndicat qualité pour agir dans le cas où ses membres sont lésés, on lui ferait perdre ses attributs essentiels, pour lui donner figure de corporation.

[1] Justice de paix de Grenoble, 28 juin 1899.
[2] Consultation publiée dans le *Recueil périodique de procédure civile*, de Rousseau et Laisney, 1887, p. 49.

Il refusait par suite d'admettre un syndicat à actionner un commerçant, dont la concurrence déloyale portait préjudice à l'ensemble de ses confrères syndiqués.

Cette opinion, grâce en partie à l'autorité de son défenseur, qui se trouvait être un des principaux auteurs de la législation applicable, prévalut dans les premières décisions de justice. La Cour d'Aix, en particulier, se l'appropria, et dénia à une chambre syndicale le droit d'intenter un procès de ce genre. Elle se fondait à la fois sur le respect de l'adage : « Nul ne plaide en France par procureur », sur la portée restreinte de la personnalité civile reconnue aux syndicats par le législateur de 1884, et sur l'analogie qu'il fallait tirer de l'exemple d'autres collectivités, telles que les sociétés commerciales, ou bien les communes, qui ne peuvent jamais ester en justice pour la défense des intérêts individuels de leurs membres [1].

C'est la même doctrine que M. Planiol soutint dix ans plus tard, quand il affirma qu'un syndicat est un instrument d'action collective sur le terrain économique, mais qu'il ne peut et ne doit pas devenir une arme de procédure, forgée pour rompre l'égalité entre les plaideurs. Aussi bien, en fait de droits proprement dits, n'en a-t-il pas d'autres à défendre que ceux qui constituent le patrimoine de la personne morale, l'actif syndical [2].

b) Une interprétation plus libérale se fit jour cependant, et c'est d'elle que la jurisprudence récente se réclame. Il est d'autres actions, a-t-on dit, qui intéressent la collectivité syndicale, et que l'association a charge de soutenir. Elle est instituée pour la défense des intérêts professionnels. Chaque fois qu'un intérêt de ce genre est compromis, c'est au syndicat qu'il appartient de le faire respecter par toutes voies utiles, et notamment en justice.

Et ainsi les tribunaux ont autorisé successivement les syndicats à ester, lorsqu'il s'agit :

1. De faire respecter par des compagnies de transport les *usages généraux de la profession*, par exemple ceux relatifs à la livraison en fûts ou au détail des vins contenus dans des wagons-foudres [3] :

2. De garantir les *intérêts matériels et généraux de la profession* [4], par exemple de poursuivre la réparation des dommages causés à l'ensemble des marchands de meubles d'une ville par des commissaires-priseurs, qui, sous le couvert de leurs fonctions officielles, leur faisaient une concurrence occulte et répréhensible, en vendant au public des meubles neufs à l'amiable et à prix débattu [5] ; ou bien d'actionner une compagnie de chemins de fer, parce que cette compagnie aurait, en contravention aux lois et règlements,

---

[1] Cour d'appel d'Aix, 27 janvier 1887. Ch. syndicale des négociants de tissus des Alpes-Maritimes.

[2] Note sous : C. d'Amiens, 13 mars 1895 (D. 95, 2, 555) ; Note sous : Cass., 4 juin 1897 (D. 98, 2, 129).

[3] C. Poitiers, 2 juin 1902. — Syndicat des marchands de vins c. Chemin de fer de l'Etat.

[4] Cass., 5 janvier 1897 (S. 97, 1, 213) ; Besançon, 14 novembre 1900 (S. 1901, 2, 100).

[5] Cass., Ch. civile, 25 janvier 1910 (*Bull. Off. travail*, 1910, p. 281).

permis qu'une gare servît d'entrepôt à des marchandises, de lieu de vente et de distribution et aurait ainsi causé, par une concurrence injuste, un dommage considérable au commerce local; car il s'agit, en l'espèce, de défendre l'intérêt professionnel des négociants de la région[1];

3. De réprimer les actes illicites commis par des tiers au préjudice des syndiqués, ou de faire constater les faits de concurrence déloyale susceptibles de nuire au bon renom de la profession, et de causer, par conséquent, aux syndiqués un *préjudice moral* collectif. C'est à ce titre qu'un syndicat professionnel constitué entre propriétaires et concessionnaires d'eaux minérales dans le but principal de rechercher et de poursuivre les fraudes et contrefaçons de nature à préjudicier aux droits des adhérents, a le droit d'intervenir pour faire cesser toute tromperie sur la nature de la chose vendue, toute fraude et tout acte illicite modifiant les conditions normales de la concurrence dans l'industrie des eaux minérales, ces pratiques causant aux membres du syndicat un préjudice à la fois matériel et moral[2];

un syndicat professionnel est en droit d'actionner en dommages-intérêts un patron, qui se refuse à engager des employés ou ouvriers, en ne donnant d'autre motif à son refus que le fait de leur affiliation au syndicat[3];

un syndicat de pharmaciens a de même qualité pour demander réparation du préjudice causé aux membres de la corporation pour les infractions aux lois sur la pharmacie, ou pour intervenir comme partie civile, dans une poursuite intentée par le ministère public contre un pharmacien qui vend des produits falsifiés[4];

5. D'assurer l'exécution d'un *contrat collectif de travail*, négocié par l'entremise du syndicat[5]. Car il a stipulé pour autrui, et il est censé être le mandataire légal des syndiqués. Mais sur ce dernier point, l'entente fut longue à s'établir, et la Cour de cassation commença par dénier au syndicat la faculté d'exercer en son nom les droits et actions nés de l'inexécution de la convention collective[6]. Les tribunaux limitent encore à cet égard les

---

[1] Cass., Ch. civile, 18 janvier 1905 (*Bull. Off. travail*, 1905, p. 625).

[2] Bourges, 1er août 1894 (S. 96, 2, 191).

[3] Trib. comm. Epernay, 28 février 1906 (S. 1906, 2, 180); Trib. Lille, 12 novembre 1906 (S. 1909, 2, 323).

[4] Cass., 5 janvier 1894 (S. 95, 1, 382). Cf. Trib. correct. Rouen, 21 juin 1888; Trib. correct. Saint-Etienne, 17 décembre 1889; Caen, 1er mai 1890; Lyon, 3 juin 1890; Bourges, 1er août 1894.

[5] Trib. Charolles, 18 février 1890 (S. 96, 1, 329); Trib. Seine, 4 février 1892. Compagnie des Omnibus (D. 1903, 2, 25).

[6] Le syndicat de Chauffailles, déclarait-elle, n'avait été qu'un simple intermédiaire entre les propriétaires de l'usine et leurs ouvrières; c'est à ces dernières seules que diverses concessions avaient été faites par le contrat; c'est envers elles que les patrons s'étaient engagés. Si donc elles pouvaient, le cas échéant, puiser dans la convention le principe d'actions individuelles en dommages-intérêts, le syndicat, qui n'était intervenu que pour accepter en leur nom les offres qui leur étaient faites, n'avait pas été lui-même partie au contrat, et n'avait par conséquent aucun droit pour en revendiquer les effets (Cass., 1er février 1893; — Cf. Dijon, 23 juillet 1895 (S. 96, 1, 329).

pouvoirs du syndicat, leur refusant le droit d'agir ou d'intervenir, s'il s'agit de stipulations extra-contractuelles qui se réfèrent à l'exercice de droits individuels. Mais on tend de plus en plus à reconnaître que l'action collective du syndicat se superpose en quelque sorte à l'action individuelle propre à chaque syndiqué lésé, dans les cas où une convention collective a été violée. Car cette action collective tend spécialement à assurer la défense de l'intérêt corporatif [1] ;

6. *D'assurer l'application des lois sur l'hygiène, la sécurité, la protection du travail,* soit en intervenant comme parties civiles dans les poursuites intentées par le ministère public contre ceux qui y ont contrevenu [2], soit en mettant eux-mêmes l'action publique en mouvement par voie de citation directe devant les tribunaux correctionnels et de simple police, pour la sauvegarde de leurs intérêts collectifs [3].

***

La jurisprudence administrative a plus résolument accepté l'interprétation libérale de la loi. Elle s'est affirmée avec moins de réticences que la jurisprudence civile ou criminelle.

1. S'agit-il de demandes d'indemnités formées par un syndicat pour chacun des membres qui le composent, il y faut voir des actions individuelles, que le syndicat ne peut exercer en son nom. C'est le cas des instances engagées par des propriétaires syndiqués, quand ils se plaignent de dommages causés à leurs immeubles par un même travail public.

2. S'agit-il de recours tendant à l'annulation d'actes administratifs, on distingue suivant que ces actes ont un caractère positif ou négatif.

a) Si le recours tend à faire tomber un *acte positif,* qui lèse l'association dans ses intérêts généraux, le syndicat est recevable à l'exercer en tous cas. Le Conseil d'Etat a reconnu ainsi la recevabilité des pourvois dirigés par la chambre syndicale du matériel de chemins de fer contre les décrets sur les Conseils de travail [4], et par le syndicat des producteurs de céruse de France contre les mesures administratives destinées à interdire l'emploi du blanc de céruse [5].

b) Si le recours a pour but de faire annuler un *acte négatif,* c'est-à-dire une décision par laquelle l'administration refuse de faire un acte, rentrant dans l'exercice de ses fonctions, on distingue suivant que l'acte est :

1. *Collectif;* tel, par exemple, le refus du préfet d'annuler un règlement du maire ; en ce cas, le pourvoi du syndicat, formé au nom des intérêts collectifs lésés par ce refus, sera recevable [6].

---

[1] C. appel Lyon, 10 mars 1908 (*Bull. Off. Trav.*, 1908, p. 452).

[2] Trib. simple police Roubaix, 12 décembre 1907 (*Bull. Off. Trav.*, 1908, p. 43). — Cf. arrêt C. Rouen, 8 mai 1908 (Syndicat d'épicerie du Havre).

[3] C. cass., 2 février 1911 (*Gaz. trib.*, 8 février 1911).

[4] C. d'État, 19 février 1904.

[5] C. d'État, 6 février 1903.

[6] Syndicat des propriétaires de Bordeaux, 21 décembre 1906.

2. *Individuel*, comme c'est le cas le plus fréquent (refus d'autorisations, etc...); les recours alors ne pourront être formés par des collectivités; seuls les individus directement atteints seront recevables à les déférer, par voie d'actions individuelles.

Cette distinction a été récemment affirmée dans les jugements relatifs à l'application de la loi sur le repos hebdomadaire. La législation de 1906 prévoit que, dans des cas et sous_des conditions déterminées, l'autorité administrative peut accorder certaines dérogations. Contre les arrêtés préfectoraux accordant ou refusant ces dérogations des pourvois ont été formés. Lorsque contre le rejet de la demande de dérogation formée par un patron des chambres syndicales patronales se sont plaintes au Conseil d'Etat, cette haute juridiction a proclamé l'irrecevabilité de leurs requêtes, le postulant primitif ayant seul intérêt à faire tomber le refus opposé à sa demande. Si au contraire, des syndicats attaquent les arrêtés préfectoraux qui ont accordé à tel ou tel patron des dérogations injustifiées, leurs requêtes sont recevables, car la collectivité a intérêt à faire supprimer des privilèges exceptionnellement conférés à quelques-uns au détriment de tous. « Le syndicat ouvrier plaide au nom de l'ensemble des ouvriers qui se prévalent du principe édicté en leur faveur par la loi, et demandent non la délivrance d'un titre individuel, mais l'annulation d'un titre individuel qui fait tort aux droits de la corporation » [1].

La situation est la même pour les associations professionnelles de fonctionnaires. On ne leur reconnaît pas qualité pour exercer, sans mandat, les actions individuelles de leurs membres, par exemple pour attaquer une mesure disciplinaire prise contre l'un d'eux. Mais elles sont recevables à déférer pour excès de pouvoir une nomination illégale, parce qu'elle lèse les intérêts professionnels de tous les fonctionnaires du même service, et viole les droits pour la défense desquels ces groupements corporatifs se sont formés [2].

**

Certaines lois, postérieures à celle de 1884, sont venues non point élargir, mais délimiter plutôt sur certains points le cercle d'action des syndicats. La loi du 30 novembre 1892 a prévu expressément en son art. 17 qu'en ce qui concerne spécialement l'exercice illégal de la médecine, de l'art dentaire ou de la pratique des accouchements, les médecins, les chirurgiens-dentistes, les sages-femmes, les associations de médecins régulièrement constituées, les syndicats visés dans l'art. 13 pourront en saisir les tribunaux par voie de citation directe donnée dans les termes de l'art. 182 du Code d'inst. crimin., sans préjudice de la faculté de se porter, s'il y a lieu, partie civile dans toute poursuite de ces délits intentée par le ministère public.

---

[1] Arrêt C. d'État, 28 décembre 1906. Syndicat patrons coiffeurs de Limoges. Conclusions de M. ROMIEU. Leb., p. 978 et s.

[2] Assoc. professionnelle des employés civils de l'Admin. du Min. des colonies, 11 décembre 1908. Cf. les conclusions de M. TARDIEU.

La loi du 11 juillet 1906, sur la protection des conserves de sardines, légumes et fruits contre la fraude étrangère, prévoit de même en son art. 6 que les actions peuvent être exercées par les syndicats professionnels régulièrement constitués représentant une industrie intéressée à la répression de la fraude (art. 6, § 3).

C'est en vertu de la loi du 29 juin 1907 enfin, spéciale au mouillage des vins, que « tous syndicats, formés conformément à la loi du 21 mars 1884 pour la défense des intérêts généraux de l'agriculture ou de la viticulture, ou du commerce et trafic des vins, peuvent exercer les droits reconnus à la partie civile, par les art. 182, 63, 64, 66, 67 et 68 du Code d'instr. crim., relativement aux faits de fraude et falsification des vins, prévus par les lois des 14 août 1889, 11 juillet 1891, 24 juillet 1894, 6 juillet 1897, 1er août 1905, 6 août 1905 et par la présente loi, ou recourir, s'ils le préfèrent, à l'action ordinaire devant le tribunal civil, en vertu des art. 1382 et s. du Code civil ». Cette faculté a été étendue aux syndicats, pour la répression des fraudes alimentaires, par la loi du 5 août 1908 (art. 2).

***

Deux projets de loi, actuellement soumis aux délibérations parlementaires, tendent à élargir encore la sphère des actions syndicales.

Celui sur les associations et syndicats de fonctionnaires prévoit (art. 32, § 2) que « les associations et unions d'associations (placées sous le régime de la loi de 1901 ou sous celui de la loi de 1884), ont le droit d'ester en justice sans autorisation spéciale. Elles peuvent poursuivre devant la juridiction compétente l'annulation des mesures prises contrairement aux dispositions législatives et réglementaires, sans préjudice des recours individuels formés par les intéressés ».

Celui sur le contrat de travail donne aux syndicats intervenus comme partie à une convention collective le droit d'exercer toutes les actions qui naissent de cette convention collective en leur faveur ou en faveur de leurs membres, avec leur consentement (art. 20) [1].

***

Mais ces projets seraient-ils votés, cette jurisprudence se préciserait-elle encore, qu'il resterait bien des incertitudes à dissiper. Comment définir l'intérêt général, qu'il soit matériel ou moral, et établir ainsi le départ entre les actions permises aux syndicats et celles qui ne rentrent pas dans leurs attributions ? Que l'on consulte la jurisprudence la plus récente, et on pourra juger des contradictions qui s'y révèlent.

S'agit-il de déterminer la nature des dommages qu'engendre la concurrence commerciale, la conception en variera suivant que la Chambre criminelle ou la Chambre civile de la Cour de cassation sera saisie du litige : « La déconsidération jetée par les tromperies d'un syndiqué sur l'ensemble du commerce ou de la profession, est un motif d'une portée trop

---

[1] Cf. le projet de la Soc. d'Et. législ., art. 54 (*Bulletin* 1907, p. 206).

générale, déclare la première, et ne précise pas assez le préjudice qui aurait été causé directement aux intérêts collectifs représentés par le syndicat »[1]. « Les intérêts particuliers et individuels de chacun des membres du syndicat, par l'effet de leur réunion, ne dépouilleraient pas leur caractère ; et leur groupement, qui pourrait autoriser l'exercice d'actions suivies conjointement par les négociants victimes de la concurrence, ne suffit pas à constituer l'intérêt collectif de la profession, que représente exclusivement le syndicat »[2]. — « Le syndicat des marchands de meubles, qui actionne des commissaires-priseurs ayant vendu des meubles neufs à l'amiable et à prix débattu, pour concurrence illégale, déclare l'autre Chambre, agit dans l'intérêt professionnel commun à tous, et non pour donner satisfaction à des intérêts individuels »[3]. Dans le même sens, l'exploitation d'un salon de coiffure par un syndicat ouvrier (à Nîmes) cause un dommage d'ordre professionnel et collectif au syndicat professionnel des patrons [4].

Faut-il voir dans la censure portée contre un ensemble d'individus exerçant la même profession, une atteinte portée à la dignité collective de la corporation, — ou bien ne peut-il exister que des critiques individuelles par lesquelles chacun peut se trouver directement atteint ? La lettre pastorale des évêques relative à l'enseignement public a provoqué, de la part des associations d'instituteurs, un certain nombre d'actions, qui ont été jugées en sens opposés, suivant les tribunaux. Les motifs invoqués à l'appui de l'une ou l'autre thèse s'appliqueraient exactement, si les associations d'instituteurs étaient des syndicats constitués sous le régime de la loi de 1884 [5].

Ces hésitations, ces contradictions légitiment l'intervention du législateur, et même la sollicitent. La question est d'une importance considérable. Sa solution influera sur l'avenir du mouvement syndical. Le développement des contrats collectifs ne pourra être normalement assuré que si on donne aux syndicats le moyen de leur faire produire leur effet intégral. Le respect des droits individuels ne peut, en bien des cas, être efficacement garanti que grâce à des interventions collectives, qui corrigent les faiblesses de l'isolement. Enfin n'est-ce pas contribuer à l'organisation de la démocratie, que d'assurer aux conventions privées, aux mesures légales et administratives la sanction d'un contrôle permanent ?

---

[1] Cass. Ch. criminelle, 13 février 1909, Syndicat de l'épicerie du Havre ; 5 novembre 1909, Syndicat de l'ameublement de Marseille; 5 novembre 1909, Syndicat des médecins de Valence.

[2] Cass., Ch. criminelle, 7 mars 1910.

[3] Cass., Ch. civ., 25 janvier 1910.

[4] C. Nîmes, 1er juillet 1909.

[5] Dans le sens de la recevabilité, Trib. Reims, 25 février 1910 ; Arras, 25 mai 1910 ; C. d'appel Paris, 4 janvier 1911. — En sens contraire, Trib. Nancy, 18 mars 1910 ; Trib. Laval, 30 juin 1910.

*

II

La difficulté est de condenser en un texte les diverses formules qui s'appliquent aux hypothèses les plus variées. On peut, semble-t-il, ramener les divers cas qui se peuvent présenter à trois principaux :

A. Un syndicat est un groupement qui a des droits, qui est propriétaire ou locataire, qui traite avec des fournisseurs, qui contracte pour les besoins de la vie corporative. Il recouvre des cotisations, par l'entremise d'employés, qui peuvent être infidèles. Il est rationnel, qu'ayant une personnalité juridique, il puisse en défendre les intérêts en justice. Ce droit est incontestable. Il ne lui a jamais été contesté. Mais, en définissant avec précision les actions syndicales, il ne faut pas omettre de prévoir les actions *patrimoniales*. De là le *1°* de l'art. 10 du projet, qui sans innover à leur sujet, en précise l'étendue.

B. La question délicate est de déterminer quelles sont, en dehors de ces espèces, les actions *collectives* que le syndicat doit pouvoir exercer. Pour la défense de quels intérêts est-il institué ? Ceux de la profession, qu'elle soit industrielle, agricole, commerciale, libérale, ou même administrative. Ces intérêts peuvent être moraux ou matériels. Il faut admettre, par exemple, que l'exercice illégal de la médecine par un incapable porte atteinte à la considération professionnelle due à l'ensemble de la corporation médicale, et qu'un syndicat de médecins a qualité pour faire reconnaître en justice le dommage ainsi causé à la collectivité. Le bon renom de la profession, c'est bien un intérêt moral collectif.

Il n'est pas de métier qui ne comporte de vieux usages, et qui n'ait intérêt à ce qu'on les respecte. Agir en justice contre ceux qui les prétendent violer, c'est bien aussi faire sanctionner un intérêt professionnel collectif. Mieux que tel ou tel de ceux qui exercent individuellement la profession, le groupement corporatif est apte à obtenir la reconnaissance de ces coutumes traditionnelles. Tel sera, par exemple le cas, dans un procès engagé contre une compagnie de chemins de fer qui se sera refusée, dans la livraison des colis, à observer les pratiques coutumières préservatrices de la qualité du produit.

L'administration elle-même peut, par des actes arbitraires, illégaux, contraires aux principes, léser les intérêts généraux d'une profession. Tel serait le cas d'un arrêté municipal réglementant abusivement l'exercice du métier de portefaix dans la commune. Le syndicat des portefaix, en ce cas, ne représente-t-il pas beaucoup mieux l'intérêt sacrifié, que les diverses individualités qui le composent ?

« L'action syndicale, disait fort justement un éminent Commissaire du gouvernement au Conseil d'Etat [1], est celle que le syndicat exerce en son nom propre, comme personne civile chargée de la défense des intérêts collectifs dont elle a la garde. Le syndicat l'exerce, sans avoir à envisager les avantages qui pourront en résulter implicitement pour ses membres pris

[1] M. ROMIEU, *loc. cit.*

isolément, sans qu'il ait à faire connaître les noms des bénéficiaires indirects ou éventuels ».

Il n'est pas nécessaire, en ce cas, que l'intérêt à défendre soit commun à tous les membres du groupement, il suffit qu'il affecte le sort de la corporation dans son ensemble. Et ainsi nous sommes amenés à autoriser les actions syndicales qui intéressent la défense des intérêts professionnels pour lesquels les syndicats sont constitués. Sur ce point encore, nous nous bornons, en quelque sorte, à consolider la jurisprudence, en lui donnant une base légale bien assise, pour éviter les hésitations, les revirements, les contradictions qui se sont, à maintes reprises, et tout récemment encore, manifestés.

Synthétiser en une formule tous ces intérêts, si divers dans leur origine et dans leurs effets, est tâche singulièrement malaisée. Quoi qu'on fasse, la précision législative ne peut suppléer à l'arbitraire du juge. Définir plus minutieusement ces intérêts professionnels, ce serait en limiter abusivement l'étendue. On risquerait d'omettre des cas intéressants. C'est pourquoi la Commission s'est résolue à s'en tenir à un qualificatif général, sans méconnaître les inconvénients que cette généralité comporte. Dans la rédaction à laquelle elle s'est arrêtée, il convient de remarquer que les syndicats peuvent ester en justice, même si un seul des intérêts de la corporation est en jeu. Il n'est pas nécessaire que ce soit l'intérêt corporatif dans sa généralité qui ait été lésé ; et on aperçoit d'ici l'utilité de cette distinction. La dignité de la corporation peut être froissée par des accusations qui dépassent les limites de la libre critique, sans qu'elle en souffre un dommage matériel. Il suffit, en quelque manière, que l'ensemble des individus exerçant une même profession soient intéressés à intervenir, pour que l'action syndicale soit légitime. L'intérêt en ce cas est « *professionnel* ». La Commission, à dessein, n'a pas voulu le qualifier de « *collectif* », car il peut naître en la personne d'un seul individu, sans cesser de concerner la généralité de ses confrères. Un avancement irrégulier donné à un agent, le renvoi injustifié d'un ouvrier, la mise à l'index d'un patron sont des mesures qui ne sont pas, à proprement parler, « collectives ». Mais elles ont un intérêt « professionnel », parce qu'elles ont une répercussion sur les conditions dans lesquelles la profession s'exercera dans l'avenir, et il est légitime que le syndicat des agents, celui des ouvriers de la même industrie, la chambre syndicale des patrons exerçant le même métier, agissent pour faire respecter les droits de la corporation, lésée en la personne d'un seul de ses membres.

***

Mais, et c'est là que nous touchons au point le plus délicat du sujet, dans quelle mesure le syndicat peut-il agir, lorsqu'il s'agit d'actes intéressant les individualités qui le composent ? La difficulté naît de ce que toutes choses s'entremêlent dans la réalité : il arrive souvent que des droits individuels se mélangent de droits collectifs. Faut-il, en ce cas, autoriser la collectivité à agir aux lieu et place de l'individu, ou concurremment avec lui, ou bien laisser l'individu seul maître de sa détermination ?

a) D'après certaine doctrine, le syndicat serait le mandataire naturel de chacun de ses membres, ou même il devrait être considéré comme un gérant d'affaire, qualifié pour agir ou intervenir dans tous les litiges individuels. Il devrait se substituer spontanément au syndiqué, parce qu'il peut mettre au service de sa cause la force du nombre, et assurer ainsi plus sûrement le triomphe de ses revendications. Le syndicat constituerait dès lors une sorte de mutualité juridique.

Bien plus, le syndicat devrait agir même contre le gré du syndiqué, parce que les intérêts de la collectivité sont supérieurs à ceux de l'individu, et que la faiblesse, le mauvais vouloir, l'égoïsme individuel ne sauraient tenir en échec les droits de toute une corporation.

b) Suivant des principes tout opposés, la jurisprudence actuelle, au contraire, estime que jamais une collectivité ne peut agir pour le compte d'un individu, sans l'autorisation expresse de celui-ci. Nul ne peut intenter d'action pour une autre personne, qu'au nom de cette personne et comme son mandataire. C'est l'art. 61 du Code de procédure civile qui le proclame, assurant ainsi le respect de la liberté individuelle.

c) La doctrine à laquelle, à notre instigation, la Commission a entendu s'arrêter, n'est pas aussi absolue que les deux précédentes. Elle tient le juste milieu entre chacune d'elles, et semble, par là même, mieux répondre aux exigences de la réalité. Le syndicat ne peut ni être toujours habilité à intervenir, ni toujours exclu. Il est des litiges qui, sous l'apparence de cas individuels, présentent en même temps un intérêt collectif, et à l'occasion desquels se juxtaposent deux sortes de droits : celui du syndiqué, celui de la corporation à laquelle il appartient.

Prenez le cas d'un ouvrier que son patron contraint à travailler, sous peine de renvoi immédiat, au delà de la durée réglementaire des heures de travail. Vous voyez aussitôt apparaître l'intérêt direct de la victime. Mais n'apercevez-vous pas aussi l'importance capitale que la solution du litige présente pour tous ses camarades, travaillant à côté de lui pour le compte du même patron ? S'il est négligent ou timide, s'il craint d'intenter un procès à l'usinier, s'il se refuse à dépenser argent, temps et crédit, s'il redoute des représailles, n'est-il pas indispensable que le groupement corporatif auquel il appartient se substitue à lui, fasse valoir les revendications de son adhérent, qui sont communes à tous ? Le groupement sauvegardera du même coup et les droits de la victime, et tous les droits éventuels de ses camarades. Il est du devoir même du syndicat d'agir dans de tels litiges. Il défend, à l'occasion d'une action individuelle, les intérêts collectifs de la profession.

Dans le cas que nous envisagions, pourquoi la collectivité est-elle donc si sérieusement intéressée ? Il y eût eu une convention individuelle conclue entre un patron déterminé et un ouvrier déterminé ; les violations que l'un ou l'autre aurait commises ne concerneraient que chacun d'eux. Mais ici la durée du travail est réglée soit par la loi, soit dans un contrat collectif. Elle est d'ordre réglementaire, c'est-à-dire qu'elle est fixée en termes impé-

ratifs et généraux. Une violation individuelle altère la règle générale ; elle
annonce pour l'avenir d'autres atteintes ; elle rompt le pacte, librement consenti, ou enfreint l'ordre qui s'impose à tous au profit de tous. C'est donc
parce que la situation régulière est fixée d'une manière générale, que naît
le droit de la collectivité à agir quand cette situation est modifiée.

Peu importe, au surplus, que cette règle soit imposée par l'autorité administrative, ou bien librement acceptée par un concert de volontés, qu'elle
découle du contrat ou de la loi. Il suffit, mais il faut, qu'elle soit générale
et absolue. Qu'un ouvrier soit illégalement congédié pour ne pas avoir voté
pour son patron ; qu'il n'ait pas reçu le salaire déterminé dans une convention collective, le cas est le même. La liberté politique découle de la loi.
Le salaire est fixé par contrat. Peu importe. Le jugement qui interviendra
dans l'une ou l'autre hypothèse sera de telle nature qu'il aura sa répercussion sur les rapports de tous les ouvriers avec le même patron. De là le
droit pour le syndicat, représentant la collectivité, à intervenir lorsqu'il y
a violation de loi, de règlement ou de convention collective, même
lorsque cette violation ne porte atteinte directement, immédiatement, qu'à
des intérêts individuels.

Les syndicats seront ainsi armés du droit d'exercer même l'action
pénale. L'action civile aura pour effet de « déclancher l'action publique ».
La Commission a été unanime à en confier l'exercice aux groupements
professionnels. Quelques-uns de ses membres ont cependant mis à leur
adhésion une réserve : ils ont consenti à voter cette disposition, à la
condition que des garanties seraient établies, pour éviter les abus et fixer
les responsabilités. Pour donner satisfaction à ce désir, deux propositions
lui ont été soumises : l'une obligeant le syndicat, si le défendeur le
requiert, à fournir caution de payer les frais et dommages-intérêts
auxquels il pourra être condamné ; l'autre autorisant le tribunal à lui
retirer, au cas où il aurait été condamné à des dommages-intérêts pour abus
de citation directe, le droit d'exercer l'action directe pendant un certain
temps. L'accord n'ayant pu se faire sur l'adoption de l'un ou l'autre de ces
textes qui ont recueilli chacun la moitié des voix des membres présents, la
Commission a décidé de les soumettre tous les deux à la Société, dans
un article supplémentaire, inséré sous le n° 11 dans le projet.

**

Faut-il cependant que le syndicat s'assure du consentement préalable
de l'intéressé ? Et si celui-ci le refuse, doit-il pouvoir passer outre ?

La Commission, à cet égard, a fait une distinction : d'une façon générale, elle admet que le syndicat agisse dans ces divers cas, sans être
tenu de demander l'assentiment du syndiqué directement lésé. La
Commission a estimé qu'à l'action collective l'individu ne saurait s'opposer.
Sans doute, le résultat de l'action collective, à laquelle aucune action
individuelle ne sera jointe, ne pourra être que collectif, c'est-à-dire que si
l'individu n'agit, ni n'intervient, personnellement ou par mandataire,
l'action syndicale ne pourra lui faire obtenir aucune réparation indivi-

duelle ; les dommages-intérêts, s'il en est alloué, ne pourront être attribués qu'à la collectivité, qui s'est seule mêlée d'agir ; la sanction sera collective comme l'action. Mais cette action collective, par contre, ne peut pas être entravée.

Elle pourra même être intentée, à l'occasion d'un fait qui intéressera un non-syndiqué exerçant la même profession. La loi, le contrat collectif qui auront été violés s'appliquent aux non-syndiqués comme aux syndiqués. Pourquoi ferait-on dépendre du fait que la victime d'une mesure est préalablement entrée dans un groupement corporatif, le droit de la corporation à se défendre tout entière ? Si la volonté de l'individu, postérieure à l'acte dommageable, ne peut entraver l'action collective, comment la volonté qu'il aurait manifestée antérieurement, par son adhésion ou sa non-adhésion au syndicat, la pourrait-elle influencer ?

A cet égard, le projet diffère de celui sur le contrat de travail que la société a précédemment examiné, et qui spécifie que le syndicat ne peut agir pour faire respecter les droits nés du contrat collectif qu'au profit de ses membres. Nous n'estimons pas qu'il y ait, en l'espèce, un mandat tacitement donné par l'individu à la collectivité, puisque la collectivité agit librement et pour son compte. Pourquoi chercherait-on dans l'adhésion au syndicat un équivalent à cette procuration tacite ? Des ouvriers ont été abusivement congédiés au mépris de certaines prescriptions légales. Qu'importe à la cause commune qu'ils soient ou non des syndiqués ? La cause commune n'a qu'un représentant naturel, le syndicat. Il est légitime qu'il en prenne, dans tous les cas, la défense. — Un fonctionnaire a été illégalement révoqué. Qu'importe qu'il soit entré dans l'association professionnelle ? Le statut commun à tous les agents du même ordre a été violé. La raison d'être, l'intérêt, les conséquences de l'action collective subsistent identiques, que la victime soit ou non syndiquée.

Au surplus, ce même projet sur le contrat collectif n'a-t-il pas prévu, dans ses art. 45 et s., que le syndicat peut stipuler pour d'autres que ses adhérents ? La conséquence logique est que, toutes les fois que ce contrat est violé, le syndicat peut agir, même si la violation est commise au détriment d'un non-syndiqué.

***

Il n'est que deux catégories de mesures pour lesquelles la Commission a entendu exiger préalablement à l'action collective le consentement de l'intéressé. Ce sont celles qui ont pour effet une révocation ou un congédiement. L'individu lésé est alors si gravement atteint qu'il semble impossible de ne pas lui réserver, à titre exclusif, le droit d'apprécier l'opportunité d'un procès, et de mesurer les dangers de la publicité qu'entraînent les débats judiciaires.

Cette instance peut irrémédiablement compromettre son avenir, sa carrière ; elle peut faire éclater au jour des faits ignorés du public qui laisseront une souillure ineffaçable sur le nom de l'individu lésé. L'intérêt individuel est de telle nature, en cette occurrence, et de telle importance, qu'il a semblé à la Commission que l'intérêt collectif devait exceptionnellement s'effa-

cer devant lui. Ce n'est plus seulement un intérêt individuel, en quelque
sorte qui s'oppose à un intérêt collectif. Ce sont les droits de la personne
humaine qui réclament sauvegarde et protection.

De là l'exception inscrite à l'art. 10 *in fine* du projet. Encore remarquera-t-on
avec quel soin la Commission l'a entendu limiter. Toute action n'est pas
interdite au syndicat. S'il estime opportun d'agir, en cas de congédiement
et de révocation d'un de ses membres, il lui suffira d'avertir l'intéressé
de ses intentions ; le silence de ce dernier équivaudra à un acquiescement
tacite. La Commission, en adoptant ce système, s'est référée aux propositions qui en 1907 ont déjà été accueillies par la Société, au sujet du contrat
de travail (art. 54) : « Elle n'exige pas un acte du syndiqué, pour habiliter
le syndicat à agir en ses lieu et place. Mais il lui a paru impossible
d'admettre qu'une action soit exercée par un tiers, en son nom, sans qu'il
ait été averti et sans qu'il ait la faculté de s'y opposer. Il peut fort bien
arriver, en effet, qu'il ait personnellement connaissance de circonstances
qui ne lui permettent pas, en conscience, de laisser intenter le procès, ou
qui lui fassent craindre que ce procès ne l'expose à des demandes reconven-
tionnelles » [1].

Le consentement de l'intéressé pourra être tacite. Exiger un assentiment
exprès serait soulever des difficultés graves, peut-être insurmontables : un
ouvrier peut hésiter à mettre en mouvement l'action syndicale, à prendre
une initiative, qui découvrira sa responsabilité, alors qu'il se résoudra aisément à laisser faire. Les principes restent saufs. Ce qui provoque le mouvement, c'est une difficulté d'ordre individuel. L'intervention collective
n'est admissible que dans la mesure où elle ne violente pas la volonté de
l'individu. Elle a pour but de le seconder et non de l'opprimer. Mais une
fois acceptée, même tacitement, l'action collective ne produit que des
effets collectifs. Le syndicat agit pour son compte et non pour celui de
la victime.

**

C. Il reste à préciser les conditions dans lesquelles le syndicat sera appelé
éventuellement à exercer les *actions individuelles*, qui appartiennent en
propre à chacun de ses adhérents.

Par l'action individuelle, l'intéressé cherche à obtenir un avantage déterminé, une autorisation, une réparation, une condamnation, dont l'effet lui
sera personnel. Peu importe au surplus que tous les membres du groupement se trouvent dans le même cas. Les actions introduites par cinquante
membres d'un syndicat individuellement congédiés restent des actions individuelles. Leur résultat sera spécial à chacun d'eux. Si ces cinquante individus veulent désigner un mandataire, le syndicat, personne morale,
apparaît comme particulièrement qualifié pour exercer ce rôle. Mais ici,
nous ne sommes plus, comme dans le cas précédent, en présence d'actions
collectives que la collectivité a pour mission d'exercer. Il ne s'agit plus
que de sauvegarder des droits individuels. Il n'y a aucune raison sérieuse

---

[1] Rapport de M. Colson. *Bulletin*, 1907, p. 207.

pour qu'on abandonne le principe général que « nul ne plaide en France par procureur ». Les syndiqués devront donc toujours. par une désignation positive, confier expressément ce mandat au syndicat.

La Commission a entendu néanmoins, le principe sauvegardé, donner toutes les facilités possibles aux syndiqués, et supprimer toutes les formalités inutiles. C'est pourquoi elle a admis que la preuve du mandat pourrait résulter de quelque acte que ce soit. La délibération d'une assemblée générale, à laquelle auraient participé les intéressés, pourra suffire parfois à donner cette justification. Il faut que la volonté du mandant soit claire et ne puisse prêter à équivoque. Aucune forme n'est requise à sa manifestation.

Du même point de vue, la Commission a considéré que la procédure de ces actions devait être aussi simplifiée que possible. Le Code de procédure civile exige, dans les cas où plusieurs mandants ont choisi un mandataire unique, que toutes les significations soient faites à chacun d'eux ou en leur nom à tous. Nous dispensons les syndiqués de ces complications de formes, qui sont inutiles et gênantes (art. 12 du projet).

*
* *

D. Aux unions de syndicats le projet accorde les mêmes droits qu'aux syndicats eux-mêmes. quand elles comprennent exclusivement des groupements constitués conformément à la loi nouvelle. Néanmoins la Commission a cru sage de limiter leurs interventions en justice aux cas qui intéressent la communauté qu'elles représentent (art. 14, § 2). Autoriser une union à ester, toutes les fois qu'un acte individuel léserait l'intérêt professionnel d'un seul syndicat, ce serait mettre inutilement en mouvement une force très puissante pour des résultats souvent médiocres. C'est au syndicat, spécial à chaque profession, qu'il convient de réserver alors le droit d'intervenir. C'est lui qui a la charge des intérêts propres aux travailleurs qu'il groupe. Il est la cellule agissante de l'organisme corporatif. Ce serait paralyser son action que de laisser à l'union centralisatrice le pouvoir d'y substituer sa propre initiative. L'union veille aux intérêts communs des syndicats qui la composent : c'est quand ces intérêts communs sont lésés qu'elle intervient. Sans doute n'est-il pas nécessaire. pour légitimer son action, que l'intérêt soit général à tous les syndicats ; il suffit qu'il soit commun à plusieurs d'entre eux.

Dès lors, en ce système cohérent, l'union se superpose au syndicat, non pour annihiler son action, mais pour l'étendre, la prolonger en quelque sorte, dans tous les cas où son effort isolé serait inefficace.

*
* *

Ainsi ont été envisagés et réglés les divers cas qui se peuvent présenter. La Commission a entendu apporter des solutions pratiques, en des termes aussi dénués d'imprécision que possible. Elle ne se dissimule point que tout effort en ce sens reste imparfait ; il est malaisé de trouver des formules assez compréhensives et assez nettes pour supprimer tous les doutes. Du moins s'est-elle essayée à trouver, sur ces points particulièrement délicats, une rédaction qui prête le moins possible à équivoque. Elle espère que, si les règles qu'elle a posées sont adoptées et suivies, la jurisprudence s'orientera définitivement vers les voies largement ouvertes où le syndicalisme s'épanouit, sans jamais sacrifier les libertés inviolables de l'individu.

PROJET

Article 10

Les syndicats ont le droit d'ester en justice. Ils peuvent exercer toutes les actions ayant pour objet :

1° La défense de leurs droits en tant que personnes civiles ;

2° La défense de l'un des intérêts professionnels pour lesquels ils sont constitués.

Ils peuvent notamment déférer aux tribunaux, à fin d'annulation, de répression ou d'allocation de dommages-intérêts à leur profit, toute violation de loi, de règlement ou de convention collective, même lorsqu'elle ne porte directement atteinte qu'à des intérêts individuels.

Toutefois, les mesures de révocation ou de congédiement ne peuvent donner lieu à une action syndicale que si l'intéressé, dûment averti, n'a pas déclaré s'opposer à l'instance.

Article 11

Tout syndicat exerçant, en son nom ou comme mandataire, le droit de poursuite directe devant le tribunal de simple police ou le tribunal de police correctionnelle, est tenu, si le défendeur le requiert avant toute exception, de fournir caution de payer les frais et dommages-intérêts auxquels il pourra être condamné.

Le juge de paix ou le président du tribunal statue sur la demande de caution et fixe la somme jusqu'à concurrence de laquelle elle sera fournie ; le syndicat demandeur qui consigne cette somme ou justifie que ses immeubles situés en France sont suffisants pour en répondre est dispensé de fournir caution.

Le syndicat admis au bénéfice de l'assistance judiciaire est aussi dispensé de fournir caution.

Si le syndicat encourt une condamnation à des dommages-intérêts pour abus de citation directe, le tribunal peut lui retirer le droit d'exercer l'action directe pendant un temps n'excédant pas un an. En cas de récidive dans les cinq ans, l'interdiction peut être portée à trois ans.

ARTICLE 12

Les syndicats peuvent exercer les actions se rattachant à la profession de leurs membres, au profit et comme mandataires de chacun d'eux, en justifiant d'un mandat. La procuration écrite est dispensée de timbre et d'enregistrement.

Quand un syndicat représente en même temps plusieurs de ses membres dans une instance relative à leurs droits professionnels, et a fait connaître les noms des parties au début de l'instance, en justifiant de son mandat, ce syndicat figure seul ensuite dans les actes de procédure et dans les jugements.

ARTICLE 14

§ 2. — Les unions ne peuvent ester en justice que pour la défense d'intérêts communs aux syndicats qui les constituent.